BEI GRIN MACHT SICH IHR WISSEN BEZAHLT

- Wir veröffentlichen Ihre Hausarbeit,
  Bachelor- und Masterarbeit

- Ihr eigenes eBook und Buch -
  weltweit in allen wichtigen Shops

- Verdienen Sie an jedem Verkauf

Jetzt bei www.GRIN.com hochladen
und kostenlos publizieren

Die Fallbesprechung zum Branntwein Cassis de Dijon, Rechtssache 120/78. Einführung des Grundsatzes der gegenseitigen Anerkennung

Bibliografische Information der Deutschen Nationalbibliothek:

Die Deutsche Nationalbibliothek verzeichnet diese Publikation in der Deutschen Nationalbibliografie; detaillierte bibliografische Daten sind im Internet über http://dnb.d-nb.de abrufbar.

ISBN: 9783346299482
Dieses Buch ist auch als E-Book erhältlich.

© GRIN Publishing GmbH
Nymphenburger Straße 86
80636 München

Druck und Bindung: Books on Demand GmbH, Norderstedt Germany
Gedruckt auf säurefreiem Papier aus verantwortungsvollen Quellen

Das Buch bei GRIN: https://www.grin.com/document/952070

Inhaltsverzeichnis

Abkürzungsverzeichnis

§	Paragraph
AEUV	Vertrag über die Arbeitsweise der Europäischen Union
Abs	Absatz
Art	Artikel
EuGH	Europäischer Gerichtshof
EWGV	Vertrag zur Gründung der Europäischen Wirtschaftsgemeinschaft
GA	Generalanwalt
Rs	Rechtssache
Rz	Randziffer
stRsp	ständige Rechtsprechung
ua	Unter anderem

1 Einleitung

Die Fallbesprechung *Cassis de Dijon*, Rechtssache 120/78, beschäftigt sich mit der Einschränkung des Artikel 34 des Vertrages über die Arbeitsweise der Europäischen Union (AEUV). Im Anschluss an seine weite Fassung der „Maßnahmen gleicher Wirkung" durch das *Dassonville*-Urteil[1] hat der Europäische Gerichtshof (EuGH) mit sogenannten „zwingenden Erfordernissen" eine Erweiterung der Ausnahmegründe entwickelt[2], auf die ich im Laufe dieser Fallbesprechung näher eingehen werde.

In dieser Entscheidung wurde erstmals der Grundsatz der gegenseitigen Anerkennung aufgestellt, welcher mittlerweile auch in vielen anderen Bereichen des Gemeinschaftsrechts zur Anwendung kommt.[3]

1.1 Problemstellung

Die als Europäische Wirtschaftsgemeinschaft gegründete, in Europäische Gemeinschaft umbenannte jetzige Europäische Union ist auf die wirtschaftliche Integration der Mitgliedstaaten angewiesen. Um eine soziale, wettbewerbsfähige Marktwirtschaft zu schaffen, wurde der Binnenmarkt errichtet, mit dem Ziel Personen, Waren, Dienstleistungen und Kapital frei zirkulieren zu lassen. Die vier Grundfreiheiten sollen dazu führen, dass Binnenmarkthemmnisse beseitigt werden.[4]

Der freie Warenverkehr ist mit der Zollunion nach wie vor ein wesentliches Element der Europäischen Union. Ergänzend wurden Beschränkungen des Warenverkehrs zwischen Mitgliedstaaten, sogenannte „Mengenmäßige Beschränkungen und Maßnahmen gleicher Wirkung" gemäß Art 34 AEUV verboten. Die Zollunion schafft zwar Grenzkontrollen im Warenverkehr innerhalb der Union ab, dennoch hindert die Unterschiedlichkeit der Rechtsordnungen der Mitgliedstaaten, wie etwa verschiedene Produktions- und Vermarktungsregeln, den reibungslosen Güteraustausch.[5]

---

[1] EuGH, 11.7.1974, 8/74, *Procureur du Roi/Dassonville*.

[2] *Bieber/Epiney/Haag/*Kotzur, Europäische Union[12] (2016) 344.

[3] *Eilmansberger/Herzig/Jaeger/Thyri*, Materielles Europarecht (2005) 35.

[4] *Haratsch/Koenig/Pechstein*, Europarecht[7] (2010) 353 f.

[5] *Streinz*, Europarecht[10] (2016) 306 f.

Im Fall *Cassis de Dijon* beantragte die deutsche REWE-AG bei der Bundesmonopolverwaltung für Branntwein die Genehmigung, eine Partie des französischen Likörs *Cassis de Dijon* in Deutschland in Verkehr bringen zu dürfen.

Der Fruchtlikör weist einen Alkoholgehalt zwischen 15 und 20 Volumenprozent auf.

Die Bundesmonopolverwaltung für Branntwein hat den Import mit der Begründung, das Gesetz schreibe für Fruchtliköre einen Mindestweingeistgehalt von 25 Volumenprozent vor und *Cassis de Dijon* sei aufgrund des zu niedrigen Weingeistgehaltes in Deutschland nicht verkehrsfähg, abgelehnt.[6]

---

[6] *Eilmansberger/Herzig/Jaeger/Thyri*, Materielles Europarecht 33.

2 Hauptteil

2.1 Sachverhalt

Die deutsche Handelsgruppe Rewe-Zentral Aktiengesellschaft (im folgenden Rewe genannt) mit Sitz in Köln führt verschiedenste Waren aus anderen Mitgliedstaaten der Gemeinschaft nach Deutschland ein. Rewe wollte den französischen Likör *Cassis de Dijon*, welcher mit einem Alkoholgehalt von 15 bis 20 Raumhundertteilen in Frankreich verkauft wird, einführen um ihn in der Bundesrepublik Deutschland mit der Bezeichnung „Likör" in den Verkehr zu bringen.

Daher beantragte Rewe im September 1976 bei der Bundesmonopolverwaltung für Branntwein eine Genehmigung. Die Bundesmonopolverwaltung teilte Rewe in einem Schreiben mit, dass *Cassis de Dijon* in Deutschland nicht verkehrsfähig sei, da nach §100 Abs 3 Branntweinmonopolgesetz ein Mindestweingeistgehalt von 25 Prozentvolumen vorhanden sein muss, um Fruchtliköre in Verkehr bringen zu können. Der französische Likör *Cassis de Dijon* weist jedoch lediglich einen Weingeistgehalt von 15 bis 20 Raumhundertteilen auf.

Daraufhin erhob Rewe Klage zum Verwaltungsgericht Darmstadt gegen die Bundesmonopolverwaltung für Branntwein aufgrund einer „Maßnahme gleicher Wirkung wie mengenmäßige Einfuhrbeschränkungen". Das Verwaltungsgericht verwies auf das für das Verfahren zuständige Hessische Finanzgericht, welches den Rechtsstreit dem EuGH gemäß Art 177 des Vertrages zur Gründung der Europäischen Wirtschaftsgemeinschaft (EWGV) zur Vorabentscheidung vorlegte und ersuchte um Auslegung der Artikel 30 und 37 EWGV: [7]

Art 30 EWGV (Art 34 AEUV)

> „Mengenmäßige Einfuhrbeschränkungen sowie alle Maßnahmen gleicher Wirkung sind zwischen den Mitgliedstaaten verboten."

Jede Handelsregelung der Mitgliedstaaten, die geeignet ist, den Handel innerhalb der Union unmittelbar oder mittelbar, tatsächlich oder potentiell zu behindern, ist eine „Maßnahme gleicher Wirkung wie eine mengenmäßige Einfuhrbeschränkung". [8]

---

[7] EuGH 20.2.1979, 120/78, *Rewe-Zentral AG/Bundesmonopolverwaltung für Branntwein* 651 f.

[8] *Streinz*, Europarecht[10] 350.

Art 37 EWGV (Art 37 AEUV)

> (1) „Die Mitgliedstaaten formen ihre staatlichen Handelsmonopole derart um, dass jede Diskriminierung in den Versorgungs- und Absatzbedingungen zwischen den Angehörigen der Mitgliedstaaten ausgeschlossen ist."

Erste Vorlagefrage:

Hessisches Finanzgericht: „Ist der Begriff "Maßnahmen mit gleicher Wirkung wie mengenmäßige Einfuhrbeschränkungen" des Artikels 30 EWG-Vertrag in dem Sinne zu verstehen, daß auch die im deutschen Branntweinmonopolgesetz geregelte Festsetzung eines Mindestweingeistgehaltes für Trinkbranntweine, die zur Folge hat daß traditionelle Erzeugnisse anderer Mitgliedstaaten, deren Weingeistgehalt unter der festgesetzten Grenze liegt, in der Bundesrepublik Deutschland nicht in der Verkehr gebracht werden können, unter diesen Begriff fällt?"

Zweite Vorlagefrage:

Hessisches Finanzgericht: „Kann die Festsetzung eines solchen Mindestweingeistgehaltes unter den Begriff "Diskriminierung in den Versorgungs- und Absatzbedingungen zwischen den Angehörigen der Mitgliedstaaten" des Artikels 37 EWG-Vertrag fallen?" [9]

Mit dem Argument des **Schutzes der öffentlichen Gesundheit**, befürwortet die deutsche Regierung die Festsetzung eines Mindestweingeistgehaltes im nationalen Recht, sodass man eine Überschwemmung des nationalen Markes mit alkoholischen Getränken, insbesondere jene mit mäßigem Weingeistgehalt, verhindere.

Der EuGH sagt jedoch, dass dem Verbraucher ein äußerst umfangreiches Angebot unterschiedlicher Erzeugnisse mit geringem oder mittlerem Alkoholgehalt auf den Markt zur Verfügung stehe und ein erheblicher Teil der verfügbaren alkoholischen Getränke mit hohem Weingeist verdünnt genossen werde. [10]

---

[9] EuGH 20.2.1979, 120/78, *Rewe-Zentral AG/Bundesmonopolverwaltung für Branntwein* 652.

[10] EuGH 20.2.1979, 120/78, *Rewe-Zentral AG/Bundesmonopolverwaltung für Branntwein* 663.

Die deutsche Regierung argumentiert, ein Mindestweingeistgehalt bei bestimmten Likören solle den Verbraucher vor **unlauterem Wettbewerb** schützen. Eine Verringerung des Alkoholgehaltes bei bestimmten Getränken bringe einen Wettbewerbsvorteil gegenüber Getränken mit höherem Alkoholgehalt, da Weingeist der teuerste Bestandteil der Getränke sei. Sollte man alkoholischen Erzeugnissen zum freien Verkehr zulassen und hinsichtlich des Weingeistgehaltes die Bestimmungen des Herstellungslandes gelten, hätte dies zur Folge, dass sich in der Gemeinschaft als gemeinsamer Standard der niedrigste in irgendeinem Mitgliedstaat zulässige Weingeistgehalt durchsetzen würde. Einige Mitgliedstaaten hätten zudem keinen Mindestweingeistgehalt.

Die Kommission argumentiert, dass eine angemessene Unterrichtung des Käufers, wie etwa Angaben von Herkunft und Alkoholgehalt auf der Verpackung des Erzeugnisses genüge. [11]

---

[11] EuGH 20.2.1979, 120/78, *Rewe-Zentral AG/Bundesmonopolverwaltung für Branntwein* 663 f.

2.2 Die Entscheidung des EuGH

Über die **erste Vorlagefrage** entschied der EuGH wie folgt:

Der EuGH hat festgestellt, dass eine durch Art 30 EWGV (Art 34 AEUV) verbotene „Maßnahme gleicher Wirkung wie eine mengenmäßige Einfuhrbeschränkung" durch die Ablehnung des Imports vorliegt.

Eine Diskriminierung des ausländischen Produktes liege hier nicht vor, da die Bestimmung auch für nationale Produzenten gelte.[12] Der EuGH hat in seiner Rechtsprechung verdeutlicht, dass Maßnahmen, die zwar unterschiedslos für inländische und ausländische Waren gelten, auch unter das Verbot des Art 30 EWGV (Art 34 AEUV) fallen, wenn sie den Marktzutritt ausländischer Waren behindern.[13]

Mangels gemeinschaftlicher Regelungen zur Herstellung und Vermarktung von Weingeist, ist den Mitgliedstaaten die Erstellung von Vorschriften für die Herstellung und Vermarktung von alkoholischen Getränken ihres Hoheitsgebietes überlassen.

Hemmnisse, die sich aus unterschiedlichen innerstaatlichen Rechtsregelungen der Mitgliedstaaten ergeben seien für den Binnenmarkt hinzunehmen, um „zwingenden Erfordernissen" gerecht zu werden, insbesondere den Erfordernissen einer wirksamen steuerlichen Kontrolle des Schutzes der öffentlichen Gesundheit, der Lauterkeit des Handelsverkehrs und des Verbraucherschutzes. Bestimmungen über den Mindestweingeistgehalt alkoholischer Getränke verfolgen kein im allgemeinen Interesse liegendes Ziel, das den Anforderungen des freien Warenverkehrs vorginge. Dadurch würden stichhaltige Gründe fehlen um zu verhindern, dass ein in einem Mitgliedstaat rechtmäßig hergestelltes und in den Verkehr gebrachtes alkoholischen Getränk in andere Mitgliedstaaten eingeführt wird.[14]

---

[12] EuGH 20.2.1979, 120/78, *Rewe-Zentral AG/Bundesmonopolverwaltung für Branntwein* 662 ff.

[13] *Streinz*, Europarecht[10] 325

[14] EuGH 20.2.1979, 120/78, *Rewe-Zentral AG/Bundesmonopolverwaltung für Branntwein* 662 ff.

Die **zweite Vorlagefrage** beantwortete der EuGH wie folgt:

Art 37 EWGV stelle eine für die staatlichen Handelsmonopole spezifische Regelung dar, die nicht für nationale Rechtsvorschriften gelte, die nur allgemein die Herstellung und Vermarktung alkoholischer Getränke unabhängig davon betreffen, ob sie unter das fragliche Monopol fallen. [15]

---

[15] EuGH 20.2.1979, 120/78, *Rewe-Zentral AG/Bundesmonopolverwaltung für Branntwein* 662.

2.3 Praktische Relevanz der Entscheidung

Der EuGH hat in der *Cassis*-Rechtsprechung die in Art 36 AEUV nicht genannten „**zwingende Erfordernisse**" des Allgemeinwohls als ungeschriebene Rechtfertigungsgründe im Rahmen des Art 34 AEUV anerkannt. „Maßnahmen gleicher Wirkung" sind zulässig, wenn sie „zwingenden Erfordernissen", insbesondere der Erfordernissen einer wirksamen steuerlichen Kontrolle, des Schutzes der öffentlichen Gesundheit der Lauterkeit des Handelsverkehrs und des Verbraucherschutzes gerecht werden. Die erweiterte Rechtfertigungsmöglichkeit wurde durch die Ausweitung des Schutzbereiches durch die *Dassonville*-Formel[16] erforderlich.[17]

Der EuGH hat in stRso die als Diskriminierungsverbote aufgefassten Grundfreiheiten auch als generelle Beschränkungsverbote weiterentwickelt. Somit werden nationale Maßnahmen, die eine Ausübung der Freiheiten behindern oder weniger attraktiv machen, verboten, auch bei diskriminierungsfreien Maßnahmen.[18] Im Gegensatz zu den in Art 36 AEUV genannten Rechtfertigungsgründen kann in der *Cassis*-Rechtsprechung eine Schlechterstellung von Importprodukten nicht gerechtfertigt werden.

Unterschiedslos anwendbare Maßnahmen müssen jedoch den Anforderungen des Grundsatzes der **Verhältnismäßigkeit** entsprechen. Die Maßnahmen müssen nicht nur die angestrebten Ziele tatsächlich verfolgen, sondern auch für die Erreichung des Zieles geeignet, erforderlich und angemessen sein.[19]

Mit dem *Cassis*-Rechtsprechung wurde erstmals der Grundsatz der gegenseitigen Anerkennung (Herkunftslandprinzip) aufgestellt.[20] Das **Herkunftslandprinzip** besagt, dass durch die Grundfreiheiten geschützte Produkte oder Verhaltensweisen in allen Mitgliedstaaten zu akzeptieren sind, sofern sie rechtmäßig, nach den Bestimmungen des Herkunftsstaates auf den Markt gelangt sind.[21]

---

[16] EuGH, 11.7.1974, 8/74, *Procureur du Roi/Dassonville*.

[17] *Thiele*, Europarecht[15] (2018) 229.

[18] *Thiele*, Europarecht[15] 213.

[19] *Streinz*, Europarecht[10] 347 f.

[20] *Eilmansberger/Herzig/Jaeger/Thyri*, Materielles Europarecht 35

[21] *Frenz*, Handbuch Europarecht: Europäische Grundfreiheiten (2004) *69*.

Aufgrund der strukturellen Kongruenz der einzelnen Grundfreiheiten wird ein einheitliches **Prüfungsschema** ermöglicht. Ähnlich zum Aufbau einer nationalen Grundrechtsprüfung, wird das Prüfungsschema in die Bereiche „Schutzbereich", „Beschränkung" und „Rechtfertigung" eingeteilt. Durch Anwendung der in die drei Bereiche fallenden Fragen, können die Grundfreiheiten geprüft werden. [22]

---

[22] *Thiele,* Europarecht[15] 218.

2.4 Rechtsgrundlagen

Art 28 AEUV Abs 2

(2) „Artikel 30 und Kapitel 3 dieses Titels gelten für die aus den Mitgliedstaaten stammenden Waren sowie für diejenigen Waren aus dritten Ländern, die sich in den Mitgliedstaaten im freien Verkehr befinden."

Der EuGH definiert Waren als „Erzeugnisse [...], die einen Geldwert haben und deshalb Gegenstand von Handelsgeschäften sein können".[23]

Art 30 EWGV
(Art 34 AEUV)

„Mengenmäßige Einfuhrbeschränkungen sowie alle Maßnahmen gleicher Wirkung sind zwischen den Mitgliedstaaten verboten."

Art 36 EWGV
(Art 36 AEUV)

„Die Bestimmungen der Artikel 34 und 35 stehen Einfuhr-, Ausfuhr- und Durchfuhrverboten oder -beschränkungen nicht entgegen, die aus Gründen der öffentlichen Sittlichkeit, Ordnung und Sicherheit, zum Schutze der Gesundheit und des Lebens von Menschen, Tieren oder Pflanzen, des nationalen Kulturguts vor künstlerischem, geschichtlichem oder archäologischem Wert oder des gewerblichen und kommerziellen Eigentums gerechtfertigt sind. Diese Verbote oder Beschränkungen dürfen jedoch weder ein Mittel zur willkürlichen Diskriminierung, noch eine verschleierte Beschränkung des Handels zwischen den Mitgliedstaaten darstellen."

---

[23] EuGH 10.12.1968, 7/68, *Kommission/Italien* 642.

Art 37 EWGV

(Art 37 AEUV)

(1) „Die Mitgliedstaaten formen ihre staatlichen Handelsmonopole derart um, dass jede Diskriminierung in den Versorgungs- und Absatzbedingungen zwischen den Angehörigen der Mitgliedstaaten ausgeschlossen ist."

Art 177 EWGV

(Art 267 AEUV)

„Der Gerichtshof der Europäischen Union entscheidet im Wege der Vorabentscheidung

    a) über die Auslegung der Verträge,

    b) über die Gültigkeit und die Auslegung der Handlungen der Organe, Einrichtungen oder sonstigen Stellen der Union,

- Wird eine derartige Frage einem Gericht eines Mitgliedstaats gestellt und hält dieses Gericht eine Entscheidung darüber zum Erlass seines Urteils für erforderlich, so kann es diese Frage dem Gerichtshof zur Entscheidung vorlegen.
- Wird eine derartige Frage in einem schwebenden Verfahren bei einem einzelstaatlichen Gericht gestellt, dessen Entscheidungen selbst nicht mehr mit Rechtsmitteln des innerstaatlichen Rechts angefochten werden können, so ist dieses Gericht zur Anrufung des Gerichtshofs verpflichtet.
- Wird eine derartige Frage in einem schwebenden Verfahren, das eine inhaftierte Person betrifft, bei einem einzelstaatlichen Gericht gestellt, so entscheidet der Gerichtshof innerhalb kürzester Zeit."

2.5 Schlussanträge des Generalanwalts

Antwort auf die erste Vorlagefrage:

Generalanwalt Capotorti: Eine „Maßnahme gleicher Wirkung wie mengenmäßige Einfuhrbeschränkung' gemäß Art 30 EWGV (Art 34 AEUV) liegt durch die Festsetzung eines Mindestweingeistgehaltes für Branntwein und Likör vor, der nach dem Recht eines Mitgliedstaats Voraussetzung für die Verkehrsfähigkeit ist, wenn sie unterschiedslos auf inländische und eingeführte Waren anwendbar ist und somit die Einfuhr von Erzeugnissen anderer Mitgliedstaaten behindert, die einen niedrigeren als den festgesetzten Weingeistgehalt aufweisen.[24]

Antwort auf die zweite Vorlagefrage:

Generalanwalt Capotorti: Die Festsetzung eines solchen Mindestweingeistgehaltes fällt nicht unter den Begriff „Diskriminierung in den Versorgungs- und Absatzbedingungen zwischen den Angehörigen der Mitgliedstaaten" gemäß Art 37 EWGV (Art 34 AEUV). Dies gilt auch wenn sie im Rahmen einer nationalen Regelung des Branntweinmonopols erlassen werden.[25]

---

[24] Schlussanträge GA Capotorti, 16.1.1979, 120/78, *Rewe-Zentral AG/Bundesmonopolverwaltung für Branntwein* 674 f.

[25] Schlussanträge GA Capotorti, 16.1.1979, 120/78, *Rewe-Zentral AG/Bundesmonopolverwaltung für Branntwein* 675.

2.6 Eigene Ansicht

Produkte, die in einem Mitgliedstaat rechtmäßig hergestellt und verkauft werden, dürfen trotz unterschiedlicher Rechtsordnungen in anderen Mitgliedstaaten in Verkehr gebracht werden.[26] Mit diesem in der *Cassis*-Rechtsprechung entstandenen Grundsatz fördert der EuGH den freien Warenverkehr.

Das Urteil hat mit der Auslegung des Art 34 AEUV eine Grundlage für ähnliche Fälle gesorgt (ua im EuGH Urteil Rs 178/84 *Reinheitsgebot für Bier*)[27] und schaffte mit den „zwingenden Erfordernissen" zusätzliche Rechtfertigungsgründe zu den abschließenden und nicht-ergänzungsfähigen Gründen im Art 36 AEUV.

---

[26] EuGH 20.2.1979, 120/78, *Rewe-Zentral AG/Bundesmonopolverwaltung für Branntwein* 662 ff.

[27] EuGH 12.3.1987, 178/84, *Kommission/Deutschland*

3 Literaturverzeichnis

Bieber/Epiney/Haag/Kotzur, Europäische Union,12. Auflage, Nomos, Baden-Baden (2016).

Eilmansberger/Herzig/Jaeger/Thyri, Materielles Europarecht, 1. Auflage, LexisNexis, Wien (2005).

Frenz, Handbuch Europarecht: Band 1 Europäische Grundfreiheiten, 1. Auflage, Springler, Heidelberg (2004).

Haratsch/Koenig/Pechstein, Europarecht 7. Auflage, Mohr Siebeck, Frankfurt (Oder) (2010).

Streinz, Europarecht, 10. Auflage, C.F. Müller, Heidelberg (2016).

Thiele, Europarecht, 15. Auflage, Niederle Media, Göttingen (2018).

4 Judikaturverzeichnis

EuGH 10.12.1968, 7/68, *Kommission/Italien*

EuGH 11.7.1974, 8/74, *Procureur du Roi/Dassonville*

EuGH 20.2.1979, 120/78, *Rewe-Zentral AG/Bundesmonopolverwaltung für Branntwein*

EuGH 12.3.1987, 178/84, *Kommission/Deutschland*

Schlussanträge GA Capotorti, 16.1.1979, 120/78, *Rewe-Zentral AG/Bundesmonopolverwaltung für Branntwein*